BEI GRIN MACHT SICH IHR WISSEN BEZAHLT

- Wir veröffentlichen Ihre Hausarbeit, Bachelor- und Masterarbeit
- Ihr eigenes eBook und Buch - weltweit in allen wichtigen Shops
- Verdienen Sie an jedem Verkauf

Jetzt bei www.GRIN.com hochladen und kostenlos publizieren

Alexander Meerpohl

Die Unternehmensrechtsformen AG und eG. Gemeinsamkeiten und Unterschiede

GRIN Verlag

Bibliografische Information der Deutschen Nationalbibliothek:

Die Deutsche Bibliothek verzeichnet diese Publikation in der Deutschen Nationalbibliografie; detaillierte bibliografische Daten sind im Internet über http://dnb.d-nb.de/ abrufbar.

Dieses Werk sowie alle darin enthaltenen einzelnen Beiträge und Abbildungen sind urheberrechtlich geschützt. Jede Verwertung, die nicht ausdrücklich vom Urheberrechtsschutz zugelassen ist, bedarf der vorherigen Zustimmung des Verlages. Das gilt insbesondere für Vervielfältigungen, Bearbeitungen, Übersetzungen, Mikroverfilmungen, Auswertungen durch Datenbanken und für die Einspeicherung und Verarbeitung in elektronische Systeme. Alle Rechte, auch die des auszugsweisen Nachdrucks, der fotomechanischen Wiedergabe (einschließlich Mikrokopie) sowie der Auswertung durch Datenbanken oder ähnliche Einrichtungen, vorbehalten.

Impressum:

Copyright © 2013 GRIN Verlag GmbH
Druck und Bindung: Books on Demand GmbH, Norderstedt Germany
ISBN: 978-3-656-64344-9

Dieses Buch bei GRIN:

http://www.grin.com/de/e-book/272186/die-unternehmensrechtsformen-ag-und-eg-gemeinsamkeiten-und-unterschiede

GRIN - Your knowledge has value

Der GRIN Verlag publiziert seit 1998 wissenschaftliche Arbeiten von Studenten, Hochschullehrern und anderen Akademikern als eBook und gedrucktes Buch. Die Verlagswebsite www.grin.com ist die ideale Plattform zur Veröffentlichung von Hausarbeiten, Abschlussarbeiten, wissenschaftlichen Aufsätzen, Dissertationen und Fachbüchern.

Besuchen Sie uns im Internet:

http://www.grin.com/

http://www.facebook.com/grincom

http://www.twitter.com/grin_com

Inhaltsverzeichnis

Abkürzungsverzeichnis..IV

1 Einleitung und Problemstellung.. 1

2 Unterschiede der Gesellschaftsarten reflektierend auf eG und AG......... 2

3 Gemeinsamkeiten und Unterschiede bei den Entscheidungskriterien zur Rechtsformwahl eG und AG.. 2

    3.1 Haftung... 2

        3.1.1 Haftung eG.. 2

        3.1.2 Haftung AG.. 3

        3.1.3 Gemeinsamkeiten und Unterschiede... 3

    3.2 Leitungsbefugnis.. 3

        3.2.1 Leitungsbefugnis eG... 3

        3.2.2 Leitungsbefugnis AG... 4

        3.2.3 Gemeinsamkeiten und Unterschiede... 5

    3.3 Gewinn- und Verlustbeteiligung.. 5

        3.3.1 Gewinn- und Verlustbeteiligung eG... 6

        3.3.2 Gewinn- Verlustbeteiligung AG.. 6

        3.3.3 Gemeinsamkeiten und Unterschiede... 7

    3.4 Finanzierungsmöglichkeiten... 7

        3.4.1 Finanzierungsmöglichkeiten eG.. 7

        3.4.2 Finanzierungsmöglichkeiten AG.. 8

        3.4.3 Gemeinsamkeiten und Unterschiede... 8

    3.5 Steuerliche Belastung 9

        3.5.1 Steuerliche Belastung eG.. 9

        3.5.2 Steuerliche Belastung AG.. 10

        3.5.3 Gemeinsamkeiten und Unterschiede... 10

    3.6 Publizitätszwang... 10

        3.6.1 Publizitätszwang eG.. 11

        3.6.2 Publizitätszwang AG... 11

        3.6.3 Gemeinsamkeiten und Unterschiede... 11

4 Fazit: Kritischer Vergleich und Ausblick.. 11

Anhangsverzeichnis..13
Anhang..14
Literaturverzeichnis..16

Abkürzungsverzeichnis

Abs.	Absatz
AG	Aktiengesellschaft
AktG	Aktiengesetz
Anh.	Anhang
bspw.	beispielsweise
bzw.	beziehungsweise
eG	eingetragene Genossenschaft
Ebd.	Ebenda
f.	folgende Seite
ff.	fortfolgende Seiten
GenG	Genossenschaftsgesetz
GewStG	Gewerbesteuergesetz
GmbH	Gesellschaft mit beschränkter Haftung
Hrsg.	Herausgeber
KStG	Körperschaftsteuergesetz
o.V.	ohne Verfasser
u.a.	unter anderem
URL	Uniform Resource Locator
vgl.	vergleiche
www.	World Wide Web

1 Einleitung und Problemstellung

Bei einer Unternehmensgründung ist neben der Wahl des Standortes (Standortfaktoren) die Rechtsform ein wesentliches Kriterium. Bei den Rechtsformen der Unternehmen unterscheidet man grundsätzlich zwischen Personen- und Kapitalgesellschaften.[1] In der vorliegenden Facharbeit werden ausschließlich die Aktiengesellschaft und die Genossenschaft näher betrachtet. Während es sich bei der Aktiengesellschaft um eine Kapitalgesellschaft handelt, liegt bei der Genossenschaft eine Mischform aus Kapitalgesellschaft und eingetragenem Verein vor. In beiden Fällen handelt es sich um eine juristische Person mit eigener Rechtspersönlichkeit.

In der Gliederung meiner Facharbeit werden daher die wesentlichen Kriterien einer Rechtsformwahl, reflektierend auf Genossenschaft und Aktiengesellschaft ausführlich dargestellt. Die Auswahlkriterien sind im Einzelnen:

- Haftung
- Leitungsbefugnis
- Gewinn- und Verlustbeteiligung
- Finanzierungsmöglichkeiten
- Steuerliche Belastung
- Publizitätszwang

Anhand dieser Auswahlkriterien werden die wesentlichen Unterschiede zwischen einer Aktiengesellschaft und einer Genossenschaft herausgearbeitet. Mittels dieser Darstellung soll verdeutlicht werden, ob Genossenschaften auch im Rahmen der verschärften Wettbewerbssituation konkurrenzfähig bleiben können. Es stellt sich daher die Frage, „inwieweit sich die Genossenschaften langfristig am Markt, insbesondere gegenüber Aktiengesellschaften behaupten können?"

Abschließend soll die Frage beantwortet werden, in wie weit die Genossenschaften regional und überregional eine Zukunft haben.

---

[1] Siehe Anh. 1, Unternehmensformen im Überblick, S.15

2 Unterschiede der Gesellschaftsarten reflektierend auf eG und AG

Bei der Rechtsform der Unternehmen wird grundsätzlich zwischen Personengesellschaften und Aktiengesellschaften unterschieden. Die Aktiengesellschaft ist eindeutig den Kapitalgesellschaften zuzuordnen. Die eingetragene Genossenschaft kann als Rechtsform weder den Kapitalgesellschaften noch den Personengesellschaften eindeutig zugeordnet werden. Genossenschaften sind Gesellschaften von nicht geschlossener Mitgliederzahl. Detaillierte Regelungen sind im Genossenschaftsgesetz normiert.[2]

3 Gemeinsamkeiten und Unterschiede bei den Entscheidungskriterien zur Rechtsformwahl eG und AG

3.1 Haftung

Die Ausgestaltung der Haftung ist bei einer Unternehmensgründung ein wichtiges Kriterium. Die unbeschränkte Haftung bedeutet, dass jede Person für ihre Verbindlichkeiten mit ihrem gesamten Vermögen haftet.[3] Der Einzelunternehmer haftet damit für seine Verbindlichkeiten mit seinem gesamten Betriebs- und Privatvermögen. Will man die Haftung verändern, ist eine Umwandlung des Einzelunternehmers in eine juristische Person notwendig. Hierzu gehören u.a. die Aktiengesellschaft und die Genossenschaft.

3.1.1 Haftung eG

Die Haftung ist bei der eG beschränkt.[4] Ein Mindestkapital, wie etwa das Stammkapital von GmbH oder AG, ist für die Gründung einer Genossenschaft nicht erforderlich. Bei der eG haften nicht die Mitglieder mit ihrem privaten Vermögen, sondern es haftet die Haftungsmasse der eG selbst. Die Haftungsmasse, also das Vermögen der Genossenschaften, setzt sich aus den Einlagen der Mitglieder zusammen. Diese Einlagen, meist Genossenschaftsanteile, werden als Geldleistungen von den Genossen erbracht. Gemäß § 2 (GenG) haftet eine Genossenschaft für Verbindlichkeiten gegenüber den Gläubigern nur mit dem Vermögen der Genossenschaft.[5] Im Insolvenzfall einer Genossenschaft können die Mitglieder eine Nachschusspflicht laut der eigenen Satzung verordnen.

---

[2] Vgl. Richard/Mühlmeyer, Betriebslehre der Banken und Sparkassen, (2008), S.43ff.
[3] Vgl. Wöhe/Döring, Einführung in die Allgemeine Betriebswirtschaftslehre, (2010), S.218
[4] Vgl. o.V., eG – eingetragene Genossenschaft, Online im Internet: URL:
http://www.gruendermarkt.de/eg-eingetragene-genossenschaft.html, Stand: 03.11.2013
[5] Vgl. o.V., Genossenschaftsgesetz § 2 Haftung für Verbindlichkeiten, Online im Internet: URL:
http://www.gesetze-im-internet.de/bundesrecht/geng/gesamt.pdf, Stand: 03.11.2013

3.1.2 Haftung AG

Der Gründer einer Aktiengesellschaft haftet vor dessen Eintrag mit seinem eigenen Vermögen. Dabei muss das Gründungskapital mindestens 50.000 EUR betragen.[6]

Die Aktionäre haften gegenüber den Gläubigern mit ihrem Gesellschaftskapital. Das persönliche Vermögen der Aktionäre bleibt für die Gläubiger unantastbar. Im Falle der Insolvenz einer Aktiengesellschaft verliert der Aktionär also höchstens sein eigenes angelegtes Kapital.[7] Die Haftung der Aktiengesellschaft ist im § 2 des Aktiengesetzes (AktG) gesetzlich normiert. Die Aktiengesellschaft ist vor allem wegen ihrer beschränkten Haftung sehr beliebt. Diese ist aber nur dann gültig wenn das Geschäftsvermögen vom Privatvermögen getrennt ist.[8]

3.1.3 Gemeinsamkeiten und Unterschiede

Sowohl bei den Genossenschaften als auch bei den Aktiengesellschaften ist die Haftung zunächst auf das Gesellschaftsvermögen beschränkt. Bei den Genossenschaften muss diese Aussage allerdings relativiert werden, weil laut Genossenschaftsgesetz in der Satzung eine Nachschusspflicht festgelegt werden kann. Sie kann allerdings auch beschränkt oder ausgeschlossen werden. Ist eine beschränkte oder festgesetzte Nachschusspflicht vorgesehen, so ist dies sicherlich als Nachteil gegenüber den Aktionären einer Aktiengesellschaft zu betrachten.

3.2 Leitungsbefugnis

Die Leitungsbefugnis drückt aus, wer die Entscheidungen innerhalb eines Unternehmens trifft und wer berechtigt ist, das Unternehmen nach außen hin zu vertreten.

3.2.1 Leitungsbefugnis eG

Die Leitungsbefugnis einer Genossenschaft unterliegt dem Vorstand. Im § 24 ff des Genossenschaftsgesetzes ist diese Leitung rechtlich festgelegt.[9] Die drei rechtlich vorgeschriebenen Organe einer Genossenschaft sind der Vorstand, der Aufsichtsrat und die Generalversammlung. Soweit die Genossenschaft mehr als 20 Mitglieder besitzt, muss der Vorstand von zwei Personen geleitet werden. Die Vorstandsmitglieder werden von dem dritten Organ, der Generalversammlung, auf zwei Jahre gewählt. Bei Rechtsstreitigkeiten, sowohl gerichtlich als auch außergerichtlich

---

[6] Vgl. Sauter, Grundlagen des Bankgeschäftes, (2010), S.150
[7] Vgl. Regli, Haftung der Aktiengesellschaft, Online im Internet: URL: http://blog.startups.ch/haftung-der-aktiengesellschaft-ag/, Stand: 03.11.2013
[8] Vgl. Sauter, Grundlagen des Bankgeschäftes, (2010), S.151
[9] Vgl. o.V., Genossenschaftsgesetz, § 24ff., (2013)

vertritt der Vorstand die Genossenschaft. Dazu gehören Öffentlichkeitsarbeiten, wie Herstellung von neuen Geschäftsbeziehungen.[10]

Der Aufsichtsrat einer Genossenschaft besteht aus mindestens drei Personen, die nicht gleichzeitig dem Vorstand angehören dürfen. Er wird ebenfalls von der Generalversammlung gewählt. Die wohl wichtigste Aufgabe dieses Organs ist die Kontrolle des Vorstands. Er ist zudem gegenüber der Generalversammlung zur Rechenschaft verpflichtet. Weitere Aufgaben können speziell in Satzungen festgelegt werden.[11]

Das beschlussfassende Organ der Genossenschaft ist die Generalversammlung. Jedes Mitglied hat eine Stimme. Die Mitglieder der Generalversammlung können den Vorstand und den Aufsichtsrat abwählen. Darüber hinaus entscheidet die Generalversammlung über den Verwendungszweck der erwirtschafteten Überschüsse und stellt den Jahresabschluss fest.[12]

3.2.2 Leitungsbefugnis AG

Die Leitungsbefugnis der Aktiengesellschaften erstreckt sich über die drei Organe Vorstand (§§ 76-94 AktG), Aufsichtsrat (§§ 95-116 AktG) und Hauptversammlung (§§ 118-147 AktG).[13]

Der Vorstand hat die Aufgabe der Geschäftsführung und leitet die Aktiengesellschaft in eigener Verantwortung.[14] Die Vorstandsmitglieder, die sich einer gemeinsamen Leitung unterziehen, werden vom Aufsichtsrat für maximal fünf Jahre bestellt und können abberufen werden. Eine Wiederwahl des Vorstandes ist generell möglich.[15] Er ist dem Aufsichtsrat gegenüber zur Rechenschaft verpflichtet und muss die Hauptversammlung einberufen. Weiterhin hat der Vorstand die Aufgabe, Vorschläge für die Gewinnverteilung vorzulegen.[16]

Der Aufsichtsrat hat die Aufgabe der Kontrollfunktion gegenüber dem Vorstand. Er setzt sich aus 3 bis 21 Mitgliedern zusammen. Die Anzahl der Mitglieder spiegelt sich in Höhe des Grundkapitals wieder. Weitere Aufgaben des Aufsichtsrates sind die

---

[10] Vgl. Sauter, Grundlagen des Bankgeschäftes, (2010), S. 158 und siehe Anh. 2, S.15
[11] Vgl. oV., Stichwort: Aufsichtsrat, Online im Internet: URL: http://www.genossenschaftsgruendung.de/rechtliche-struktur.html, Stand: 03.11.2013
[12] Vgl. Richard/Mühlmeyer, Betriebslehre der Banken und Sparkassen, (2008), S.59
[13] Vgl. o.V., Aktiengesetz, Online im Internet: URL: http://www.gesetze-im-internet.de/aktg/, Stand: 03.11.2013
[14] Vgl. Richard/Mühlmeyer, Betriebslehre der Banken und Sparkassen, (2008), S. 48
[15] Vgl. Wöhe/Döring, Einführung in die Allgemeine Betriebswirtschaftslehre, (2010), S. 232
[16] Vgl. Sauter, Grundlagen des Bankgeschäftes, (2010), S.152 und siehe Anh. 3, S.16

Prüfung der Jahresabschlüsse und des Lageberichts. Ebenso kann er Vorschläge für die weitere Verfügung von Gewinnverteilungen äußern.[17]

Die Mitglieder der Hauptversammlung sind die Eigentümer des Unternehmens, auch Aktionäre genannt. Ihr Stimmenverhältnis wird relativiert durch die Anzahl der erworbenen Aktien des einzelnen Aktionärs. Eine Aktie entspricht in der Regel eine Stimme.[18] Die wichtigste Aufgabe der Hauptversammlung besteht darin, die Mitglieder des Vorstandes zu stellen. Ebenso entscheidet sie über die Verwendung des Bilanzgewinns. In letzter Instanz kann die Versammlung über eine Auflösung der Gesellschaft abstimmen.[19]

3.2.3 Gemeinsamkeiten und Unterschiede

Die Genossenschaften als auch die Aktiengesellschaften unterliegen einem demokratisch aufgebauten Prinzip. Das Grundgerüst bilden die Mitglieder bzw. Aktionäre der beiden Rechtsformen. Bei den Genossenschaften ist es die Generalversammlung und bei den Aktiengesellschaften die Hauptversammlung. Beide besitzen im Ansatz ähnliche Aufgaben, wobei man durchaus Unterschiede festhalten kann. Ein Aktionär ist durchaus in der Lage seinen Stimmenanteil zu erhöhen, indem er einen gewissen prozentualen Aktienbesitz vorzeigen kann. Bei den Genossenschaften allerdings sind alle Mitglieder gleichberechtigt unabhängig von ihren Anteilen.

Generell besitzt der Aufsichtsrat beider Rechtsformen die gleichen Aufgaben. Jedoch kann der Aufsichtsrat einer Genossenschaft die Vorstandsmitglieder nicht bestellen, wie es bei der Aktiengesellschaft der Fall ist.

Der Vorstand sowohl einer Aktiengesellschaft als auch einer Genossenschaft hat grundsätzlich dieselben Aufgaben.

3.3 Gewinn- und Verlustbeteiligung

Die Gewinn- und Verlustbeteiligung beinhaltet, dass Gewinne bzw. Verluste auf die Anteilseigner verteilt werden.

---

[17] Vgl. o.V., Aufgabe der Organe einer AG, Online im Internet: URL: http://www.unternehmensformen-deutschland.de/geschaeftsgruendung.php, Stand: 30.11.2013
[18] Ausnahme: stimmrechtslose Vorzugsaktie
[19] Vgl. Wöhe/Döring, Einführung in die Allgemeine Betriebswirtschaftslehre, (2010), S. 232 und siehe Anh. 3, Leitungsbefugnis AG, S.16

3.3.1 Gewinn- und Verlustbeteiligung eG

Mit dem Beitritt in eine Genossenschaft muss jedes Mitglied die satzungsmäßig festgelegte Mindesteinlage von einem Zehntel des Geschäftsanteils einbezahlen. Die Mitglieder können selbst entscheiden, ob sie die Mindesteinlage erwerben oder wohlmöglich direkt den vollen Geschäftsanteil kaufen. Die Gewinne werden auf dem Geschäftsguthaben des Mitgliedes solange gutgeschrieben, bis der Geschäftsanteil erreicht ist.[20] Wie viele Geschäftsanteile ein Mitglied erwerben kann ist in den entsprechenden Satzungen geregelt und vorgeschrieben. Jedes Geschäftsguthaben eines Mitglieds setzt sich aus dem Gesamtbetrag der eingezahlten Geschäftsanteile zusammen.[21]

Der Jahresabschluss wird von der Generalversammlung ausgearbeitet. Der hier berechnete Gewinn oder Verlust wird auf die Mitglieder in Abhängigkeit ihres Geschäftsguthabens verteilt. Bei Verlust wird der entsprechende Betrag vom Geschäftsguthaben abgezogen. Ein Gewinn kann erst ausgezahlt werden, wenn die benötigte Geldsumme des Geschäftsanteils erbracht ist.[22]

3.3.2 Gewinn- Verlustbeteiligung AG

Das Grundkapital der Aktiengesellschaften ist in Aktien zerlegt. Die Kapitalaufbringung erfolgt durch die vollständige Einbringung von Sacheinlagen sowie die Einbringung von Bareinlagen zu mindestens ein Viertel des geringsten Ausgabebetrags jeder Aktie. Die Eigenkapitalgeber können Aktien erwerben und erhalten somit ihre Mitgliedschaftsrechte in Form eines Wertpapiers.[23] Steigt die Aktie nun an Wert an der Börse, so liegt es in der Entscheidung des Inhabers, ob er diese nun verkaufen möchte oder weiterhin auf eine positive Entwicklung der Aktie und somit auf eine Wertsteigerung spekuliert. Wenn die Aktiengesellschaft allerdings Verluste macht, verlieren die Aktien an Wert. Im äußersten Härtefall kann der Aktionär den gesamten Aktienwert verlieren. Das ist das Risiko mit dem sich der Aktionär beim Kauf von Aktien auseinander setzen muss.

---

[20] Vgl. Wöhe/Bilstein, Grundzüge der Unternehmensfinanzierung, (2002), S.64
[21] Vgl. Wöhe/Döring, Einführung in die Allgemeine Betriebswirtschaftslehre, (2010), S.237
[22] Vgl. Wöhe/Döring, Einführung in die Allgemeine Betriebswirtschaftslehre, (2010), S.237
[23] Vgl. Wöhe/Döring, Einführung in die Allgemeine Betriebswirtschaftslehre, (2010), S.230 und Vgl. Valuent GmbH, Aktiengesellschaft, Online im Internet: URL: http://www.rechtslexikon-online.de/Aktiengesellschaft_AG.html, Stand: 03.11.2013

3.3.3 Gemeinsamkeiten und Unterschiede

Sowohl bei den Genossenschaften als auch bei den Aktiengesellschaften muss der Anleger mindestens den in der Satzung festgelegten Betrag bezahlen, um Genossenschaftsanteile bzw. Aktien erwerben zu können. In den General- bzw. Hauptversammlungen wird der Jahresabschluss verkündet. Bei Gewinnüberschüssen werden in beiden Fällen die Anleger entlohnt und erhalten eine Dividende je nach Anteilsgröße.

Bei Verlusten der Genossenschaften oder der Aktiengesellschaften haften die Mitglieder oder Aktionäre jeweils mit ihren Geschäftsanteilen. Jedoch ist nur der eingezahlte Geschäftsanteil davon betroffen. Das übrige Vermögen der Anteilseigner bleibt sowohl für die Genossenschaft als auch für die Aktiengesellschaft unantastbar.

3.4 Finanzierungsmöglichkeiten

Die Rahmbedingungen der Finanzierung in einem Unternehmen sollen darstellen, wie notwendige Investitionen realisiert werden können.

3.4.1 Finanzierungsmöglichkeiten eG

Nach dem Genossenschaftsgesetz ist die Gewinnmaximierung nicht das oberste Ziel einer Genossenschaft.[24] Vielmehr steht die „Selbsthilfe der Mitglieder durch gegenseitige Förderung"[25] im Vordergrund. Die Genossenschaften besitzen kein festes Grundkapital, denn es setzt sich aus den Einlagen der Mitglieder zusammen. Somit haben schwankende Mitgliederzahlen direkten Einfluss auf das Kapital. Genossenschaften müssen sich gegenüber dem Markt finanziell behaupten können. Von den Mitgliederbeiträgen alleine kann eine Genossenschaft nicht langfristig wettbewerbsfähig bleiben. Denn die Beiträge sind oft gering, zumal die Geschäftsguthaben jederzeit kündbar sind. Durch dieses Risiko, des wohlmöglich schwankenden Eigenkapitals, ist eine langfristige Finanzprognose kaum möglich.[26]

Die Genossenschaften finanzieren sich daher oft mit mezzaninem Kapital.[27] Als Eigenkapitalfinanzierung besteht die Möglichkeit, dass ein Mitglied über seine verpflichtende Anzahl an Anteilen hinaus mehr Anteile erwerben kann, um somit seinen Geschäftsanteil in der Genossenschaft zu erhöhen. Dennoch bleibt dies der Einzel-

---
[24] Vgl. o.V., Genossenschaftsgesetz, § 1 Haftung für Verbindlichkeiten, (2013)
[25] Wöhe/Bilstein, Grundzüge der Unternehmensfinanzierung, (2002), S.63
[26] Vgl. Wöhe/Bilstein, Grundzüge der Unternehmensfinanzierung, (2002), S.63 f.
[27] Mischung aus Eigen- und Fremdkapital

fall, da derartige Regelungen in den Generalversammlungen mehrheitlich abgestimmt werden müssen.[28]

Die Genossenschaften sind zur Aufnahme der Bildung einer gesetzlichen Rücklage in ihren Satzungen verpflichtet. Diese sind notwendig um vor allem Verluste abdecken zu können. Diese Rücklagen werden nicht als Dividenden an die Mitglieder ausgeschüttet. Deshalb werden so das Eigenkapital und die damit verbundene Kreditwürdigkeit der Genossenschaft ermittelt.

3.4.2 Finanzierungsmöglichkeiten AG

Eine Aktiengesellschaft benötigt ein sogenanntes Grundkapital, welches mindestens 50.000 EUR betragen muss. Es ist Teil des Eigenkapitals der Gesellschaft und bildet somit die Rücklage. „Das Grundkapital ist die Summe der Nennwerte aller ausgegebenen Aktien."[29] Der Mindestnennbetrag einer Aktie beträgt 1 Euro. Generell werden Aktien in zwei Formen ausgegeben und unterschieden.

Die Summe der Nennwertaktien ist gleichzeitig das Grundkapital der Aktiengesellschaft.[30] Bei Aktiengesellschaften unterscheidet man zwischen Eigenkapital- und Fremdkapitalfinanzierung. Das Eigenkapital wird zusammengesetzt aus dem Grundkapital, den Gewinnrücklagen sowie dem Jahresüberschuss aus dem Jahresabschluss. Die Eigenfinanzierung geschieht durch die Ausgabe von Aktien, die begünstigt werden durch die Haftungsbeschränkung für Aktionäre, den kleinen Kapitaltranchen sowie dem Börsenhandel.[31]

3.4.3 Gemeinsamkeiten und Unterschiede

Es ist festzuhalten, dass sich die Finanzierung der Genossenschaften, insbesondere in der Eigenkapitalbeschaffung, wesentlich schwieriger gestaltet als die der Aktiengesellschaft, da jedes Mitglied der Generalversammlung grundsätzlich nur eine Stimme hat. Das macht es äußerst unattraktiv für Mitglieder mehrere Genossenschaftsanteile zu besitzen. Hinzu kommt, dass bei einem Austritt eines Mitglieds dieser im Konkursfall nicht mehr haftbar ist. Das Eigenkapital der Genossenschaft vermindert sich, wenn das Mitglied zusätzlich seinen Geschäftsanteil ausgezahlt bekommt. Somit wird gleichzeitig auch die Kreditwürdigkeit herabgestuft. An dieser Stelle wird die Finanzierungsmöglichkeit der beiden Rechtsformen deutlich. Der Akti-

---

[28] Vgl. o.V., Eigen- und Fremdkapitalbeschaffung eG, Online im Internet: URL: http://iwgr.htw-berlin.de/index.php/publikationen/27/172-eigen-und-fremdkapitalbeschaffung-fuer-eingetragene-genossenschaften, Stand: 03.11.2013
[29] Sauter, Grundlagen des Bankgeschäftes, (2010), S.151
[30] Vgl. Wöhe/Bilstein, Grundzüge der Unternehmensfinanzierung, (2002), S.45
[31] Vgl. Wöhe/Döring, Einführung in die Allgemeine Betriebswirtschaftslehre, (2010), S.238

onär einer Aktiengesellschaft kann sein Geschäftsverhältnis nur mit dem Verkauf seiner Aktien beenden. Dabei bleibt das Grundkapital der Aktiengesellschaft unberührt.

Alles in allem sind bei den Finanzierungsmöglichkeiten zwischen beiden Rechtsformen erhebliche Unterschiede festzuhalten.

3.5 Steuerliche Belastung

Die sogenannten Ertragssteuern zählen bei der Unternehmenstätigkeit eine entscheidende Rolle. Darunter fallen die Einkommenssteuer, die Körperschaftsteuer und die Gewerbesteuer.[32]

3.5.1 Steuerliche Belastung eG

Die Genossenschaft selbst unterliegt folgender Besteuerung:

- Körperschaftsteuer

Die Genossenschaft ist eine juristische Person und daher selbst körperschaftsteuerpflichtig. Grundlage ist § 1 Abs. 1 Nr. 2 Körperschaftsteuergesetz. Der Körperschaftsteuersatz beträgt gegenwärtig 15 Prozentpunkte vom Gewinn. Dieser wird grundsätzlich durch allgemeinen Vermögensvergleich ermittelt.[33] Im Rahmen der Körperschaftveranlagung erfolgt eine zusätzliche Belastung durch den Solidaritätszuschlag. Dieser beträgt 5,5 % der zu zahlenden Körperschaftsteuer.

- Gewerbesteuer

Auf Grund ihrer Rechtsform ist die Genossenschaft gemäß § 2 Abs. 2 Satz 1 Gewerbesteuergesetz (GewStG) gewerbesteuerpflichtig. Die Gewerbesteuer- zahllast wird anhand des Gewerbesteuermessbetrages und des örtlichen Gewerbesteuerhebesatzes ermittelt. Der Gewerbesteuermessbetrag ermittelt sich aus dem Gewinn und einer Steuermesszahl (3,5 Prozentpunkte). Der vom Finanzamt ermittelte Gewerbesteuermessbetrag wird mit dem örtlichen Hebesatz multipliziert. Dieser kann von Kommune zu Kommune unterschiedlich sein.

- Umsatzsteuer

---

[32] Vgl. Wöhe/Döring, Einführung in die Allgemeine Betriebswirtschaftslehre, (2010), S.238
[33] Vgl. Stracke, Besteuerung von Genossenschaften in der Europäischen Union, (1997), S.180

Die Umsätze der Genossenschaft unterliegen der sogenannten Umsatzsteuer. Der Steuersatz beträgt für die Regelbesteuerung 19 Prozentpunkte.[34]

- Kapitalertragssteuer

Bei Gewinnausschüttungen unterliegen diese der sogenannten Kapitalertragssteuer. Der Steuersatz beträgt zurzeit 25 % (Abgeltungssteuer).[35]

3.5.2 Steuerliche Belastung AG

Die Aktiengesellschaft unterliegt wie die Genossenschaft der Körperschaftsteuer/Solidaritätszuschlag, der Umsatzsteuer, der Gewerbesteuer sowie der Kapitalertrags- bzw. Abgeltungssteuer.

3.5.3 Gemeinsamkeiten und Unterschiede

Wie oben dargestellt, werden Genossenschaften und Körperschaften grundsätzlich mit nachstehenden Steuern belastet:

Körperschaftsteuer/Solidaritätszuschlag (15 % / 5,5 %).

Gewerbesteuer

Umsatzsteuer

Kapitalertragsteuer

Je nach Gegenstand des Unternehmens besteht im Gegensatz zu Aktiengesellschaften bei Genossenschaften die Möglichkeit der Körperschaftsteuerbefreiung. Dies gilt beispielsweise für landwirtschaftliche Produktionsgenossenschaften oder auch für Baugenossenschaften im Rahmen der Errichtung preisgünstiger Wohnungen. Weiterhin haben Genossenschaften die Möglichkeit, einen erzielten Überschuss nachträglich an die Mitglieder auszuzahlen (Rückvergütung). Diese Zahlung kann als Betriebsausgabe und damit steuermindernd berücksichtigt werden (§ 22 KStG).[36]

3.6 Publizitätszwang

Der Publizitätszwang beinhaltet eine Offenlegungspflicht und ist im § 325 (AG) bzw. § 339 (eG) geregelt.

---

[34] Vgl. Stracke, Besteuerung von Genossenschaften in der Europäischen Union, (1997), S.180
[35] Vgl. Ebd.
[36] Vgl. Stracke, Besteuerung von Genossenschaften in der Europäischen Union, (1997), S.180

3.6.1 Publizitätszwang eG

Die Genossenschaften sind dazu verpflichtet ihren Jahresabschluss und Lagebericht zu veröffentlichen. Der Jahresabschluss sowie der Lagebericht müssen in den ersten fünf Monaten des laufenden Geschäftsjahres für das vergangene Geschäftsjahr aufgestellt werden.[37] Nach der Generalversammlung hat der Vorstand die Aufgabe den Jahresabschluss, den Bericht des Aufsichtsrates und den Lagebericht dem Betreiber des elektronischen Bundesanzeigers vorzulegen.[38]

3.6.2 Publizitätszwang AG

Die Offenlegung u.a. des Jahresabschlusses, des Lageberichtes, des Berichtes des Aufsichtsrats und der Vorschlag über die Ergebnisverwendung muss spätestens vor Ablauf des zwölften Monats vom Vorstand dem Betreiber des elektronischen Bundesanzeigers vorgelegt werden. Ebenfalls müssen kursbeeinflussende Tatsachen dem Bundesanzeiger gemeldet werden. Zum Publizitätszwang gehört außerdem die Veröffentlichung über eine mögliche Veränderung des Stimmrechtsanteils.[39]

3.6.3 Gemeinsamkeiten und Unterschiede

Der Publizitätspflicht müssen sich sowohl Aktiengesellschaften als auch Genossenschaften unterziehen. Sie müssen ihren Jahresabschluss und Lageberichte veröffentlichen Dazu gehört u.a. auch der Bericht des Aufsichtsrates. Je nach Größe des Unternehmens unterscheidet sich auch der Umfang der Veröffentlichung. Vor allem aber dient die Offenlegung bei beiden Rechtsformen dem Schutz der Gläubiger, dem Schutz der Anteilseigner des Unternehmens und dem Interesse der Öffentlichkeit.

4 Fazit: Kritischer Vergleich und Ausblick

Für die Sicherung der Zukunfts- und Wettbewerbsfähigkeit eines Unternehmens ist die Wahl der Rechtsform ein wesentliches Kriterium. Bei der näheren Analyse der Rechtsformwahlkriterien werden Gemeinsamkeiten aber auch zum Teil erhebliche Unterschiede festgestellt. So sind bspw. die Finanzierungsmöglichkeiten bei den Genossenschaften geringer als bei den Aktiengesellschaften. Dies begründet sich auch darin, dass bei den Genossenschaften der Erwerb mehrerer Geschäftsanteile grundsätzlich nicht zu einem höheren Stimmenanteil führt. Bei den Aktiengesellschaften

---

[37] Vgl. o.V., Genossenschaftsgesetz, § 53 (1) Pflichtprüfung, (2013)
[38] Vgl. Richard/Mühlmeyer, Betriebslehre der Banken und Sparkassen, (2008), S.60
[39] Vgl. Richard/Mühlmeyer, Betriebslehre der Banken und Sparkassen, (2008), S.53

führt eine Aufstockung des Aktienportfolios eines Aktionärs auch zu einem höheren Stimmenanteil. Daher ist es für Unternehmen in der Rechtsform einer Aktiengesellschaft eher möglich überregional zu expandieren. Weiterhin haben Aktien eine deutlich höhere überregionale Akzeptanz und haben im Gegensatz zu den Genossenschaftsanteilen einen spekulativen Charakter. Aktienkurse können selbst bei positiver Ertragslage eines Unternehmens fallen. Der spekulative Charakter der Aktien kann wiederum als Vorteil für Genossenschaftsanteile ausgelegt werden. Dies hat sich insbesondere seit der Finanz- und Wirtschaftskrise verstärkt.

Genossenschaften können im Gegensatz zu Aktiengesellschaften je nach Gegenstand des Unternehmens Steuervorteile bis hin zur Steuerbefreiung genießen.

Für die Erfüllung eines bestimmten Zweckes im regionalen Bereich werden Genossenschaften sicherlich immer eine Zukunft haben. Das seriöse und solide Geschäftsmodell der Genossenschaften hat sich nicht zuletzt wegen der Finanz- und Wirtschaftskrise durchgesetzt. Eine Genossenschaft zeichnet sich insbesondere durch die Gemeinschaft und den starken Zusammenhalt aus. Durch die Gründung einer Genossenschaft wird eine deutlich höhere Akzeptanz der Einwohner(innen) eines bestimmten Vorhabens ermöglicht. Resümierend muss man feststellen, dass Genossenschaften im direkten Vergleich zu Aktiengesellschaften insbesondere im regionalen Bereich eine Zukunft haben werden. Größeres Wachstum wird hier auch im Verbund möglich sein.

Anhangsverzeichnis

Anh. 1   Unternehmensformen im Überblick...........................14

Anh. 2   Leitungsbefugnis eG..14

Anh. 3   Leitungsbefugnis AG..15

Anhang

Anh. 1: Unternehmensformen Überblick

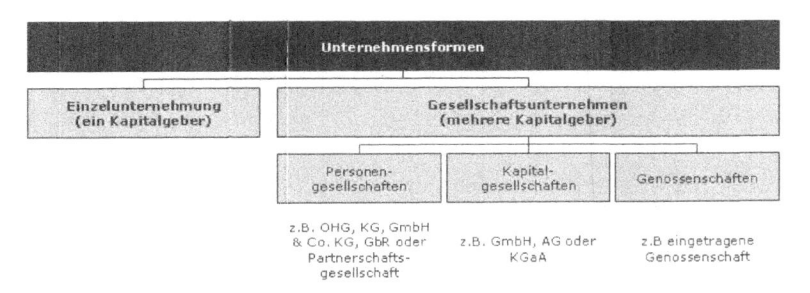

Quelle: o.V., Personengesellschaften – Gesellschaftsunternehmen, Online im Internet: URL: http://www.teialehrbuch.de/Kostenlose-Kurse/Allgemeine-Betriebswirtschaftslehre/3.3-Personengesellschaften-Gesellschaftsunternehmen.html, Stand: 03.11.2013

Anh. 2: Leitungsbefugnis eG

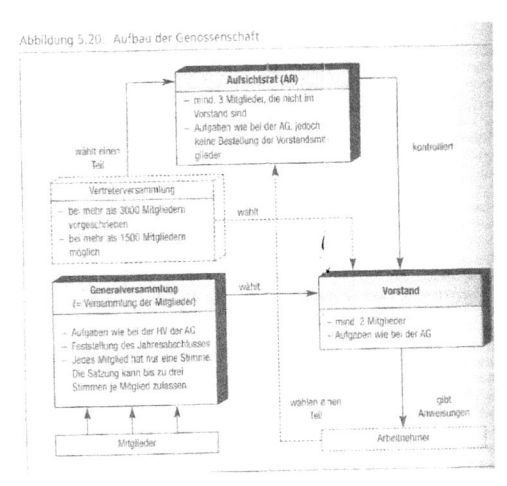

Quelle: : Sauter, Grundlagen des Bankgeschäftes, Aufbau der Genossenschaft, (2010), S. 158

Anh. 3: Leitungsbefugnis AG

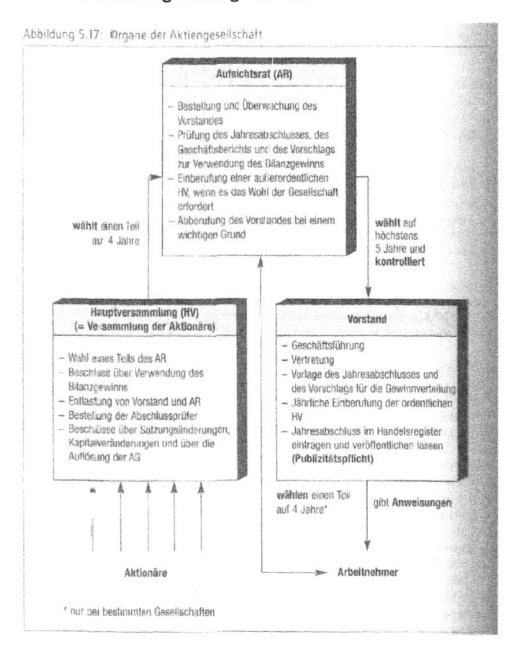

Abbildung 5.17: Organe der Aktiengesellschaft

Aufsichtsrat (AR)
- Bestellung und Überwachung des Vorstandes
- Prüfung des Jahresabschlusses, des Geschäftsberichts und des Vorschlags zur Verwendung des Bilanzgewinns
- Einberufung einer außerordentlichen HV, wenn es das Wohl der Gesellschaft erfordert
- Abberufung des Vorstandes bei einem wichtigen Grund

wählt einen Teil auf 4 Jahre

wählt auf höchstens 5 Jahre und kontrolliert

Hauptversammlung (HV) (= Versammlung der Aktionäre)
- Wahl eines Teils des AR
- Beschluss über Verwendung des Bilanzgewinns
- Entlastung von Vorstand und AR
- Bestellung der Abschlussprüfer
- Beschlüsse über Satzungsänderungen, Kapitalveränderungen und über die Auflösung der AG

Vorstand
- Geschäftsführung
- Vertretung
- Vorlage des Jahresabschlusses und des Vorschlags für die Gewinnverteilung
- Jährliche Einberufung der ordentlichen HV
- Jahresabschluss im Handelsregister eintragen und veröffentlichen lassen (**Publizitätspflicht**)

wählen einen Teil auf 4 Jahre*   gibt Anweisungen

Aktionäre   Arbeitnehmer

* nur bei bestimmten Gesellschaften

Quelle: Sauter, Grundlagen des Bankgeschäftes, Organe der Aktiengesellschaft, (2010), S. 152

Literaturverzeichnis

- Regli, Haftung der Aktiengesellschaft, Online im Internet: URL: http://blog.startups.ch/haftung-der-aktiengesellschaft-ag/, Stand: 03.11.2013

- Richard, Willi/ Mühlmeyer, Jürgen: Betriebslehre der Banken und Sparkassen, 32. Auflage, Erscheinungsjahr 2008, Merkur Verlag Rinteln

- Sauter, Werner: Grundlagen des Bankgeschäftes, 9. Auflage, Erscheinungsjahr 2010, Frankfurter School Verlag GmbH

- Stracke, Bernd: Besteuerung von Genossenschaften in der Europäischen Union, Band 30, Erscheinungsjahr 1997, Erich Schmidt Verlag GmbH & Co.

- Wöhe, Günter/ Bilstein, Jürgen: Grundzüge der Unternehmensfinanzierung, 9. Auflage, Erscheinungsjahr 2002, Verlag Franz Vahlen GmbH

- Wöhe, Günter/ Döring, Ulrich: Einführung in die Allgemeine Betriebswirtschaftslehre, 24. Auflage, Erscheinungsjahr 2010, Verlag Franz Vahlen GmbH

- o.V., Genossenschaftsgesetz (GenG) – Gesetz betreffend die Erwerbs- und Wirtschaftsgenossenschaften , zuletzt geändert 15. Juli 2013

- o.V., eG – eingetragene Genossenschaft, Online im Internet: URL: http://www.gruendermarkt.de/eg-eingetragene-genossenschaft.html, Stand: 03.11.2013

- o.V., Genossenschaftsgesetz § 2 Haftung für Verbindlichkeiten, Online im Internet: URL: http://www.gesetze-im-internet.de/bundesrecht/geng/gesamt.pdf, Stand: 03.11.2013

- oV., Stichwort: Aufsichtsrat, Online im Internet: URL: http://www.genossenschaftsgruendung.de/rechtliche-struktur.html, Stand: 03.11.2013

- o.V., Aktiengesetz, Online im Internet: URL: http://www.gesetze-im-internet.de/aktg/, Stand: 03.11.2013

- o.V., Aufgabe der Organe einer AG, Online im Internet: URL: http://www.unternehmensformen-deutschland.de/geschaeftsgruendung.php, Stand: 30.11.2013

- Vallent GmbH (Hrsg.), Aktiengesellschaft, Online im Internet: URL: http //www.rechtslexikon-online.de/Aktiengesellschaft_AG.html, Stand: 03.11.2013

- o.V., Eigen- und Fremdkapitalbeschaffung eG, Online im Internet: URL: http://iwgr.htw-berlin.de/index.php/publikationen/27/172-eigen-und-fremdkapitalbeschaffung-fuer-eingetragene-genossenschaften, Stand: 03.11.2013